Los desiertos

Yvonne Franklin

Los desiertos

Asesores en ciencias

Scot Oschman, Ph.D.

David W. Schroeder, M.S.

Créditos

Dona Herweck Rice, *Gerente de redacción*; Lee Aucoin, *Directora creativa*; Timothy J. Bradley, *Responsable de ilustraciones*; Conni Medina, M.A.Ed., *Directora editorial*; James Anderson, Katie Das, Torrey Maloof, *Editores asociados*; Rachelle Cracchiolo, M.S.Ed., *Editora comercial*

Teacher Created Materials

5301 Oceanus Drive

Huntington Beach, CA 92649-1030

http://www.tcmpub.com

ISBN 978-1-4333-2146-7

Made in China

YiCai.032019.CA201901471

Tabla de contenido

La música del desierto

Chsss. Quédate quietito y escucha.

Frufrú, frufrú. Una cola larga y verde se menea sobre la arena. Pum, pum. Unas garras fuertes y peludas saltan detrás de la sombra de un cactus. Siz, saz. Unas patas largas y delgadas se rozan con unas alas. Sss, sss. Un viento suave sopla por un arbusto de creosota.

Se trata de ruidos silenciosos. Debes escuchar con mucha atención. ¿Puedes oírlos? Son tranquilos y tan leves que es como si no estuvieran. Pero la verdad es que los ruidos están, así como los animales y las plantas que los producen.

Juntos, todos ellos crean la música del **desierto**.

Desierto

Un desierto es una zona de tierras muy áridas donde llueve muy poco. Una región también puede ser un desierto cuando está permanentemente cubierta de escarcha o cuando su suelo no es fértil. Los desiertos pueden tener poca vegetación o carecer por completo de ella. También puede haber muy pocos animales en ellos. Aún así, en muchos desiertos podemos encontrar animales que pertenecen a varias **especies**.

dragón barbudo de Australia
liebre
arbusto de creosota
saltamontes

Los ecosistemas del desierto

A primera vista, podríamos pensar que no hay mucho para ver en un desierto. Las tierras parecen estar vacías. La tranquilidad nos hace creer que no hay animales o que son muy pocos. El clima no nos parece muy acogedor.

Pero miremos con más atención. Los desiertos están formados por **ecosistemas**. En un ecosistema, las plantas, los animales, la tierra, el agua y el aire se complementan. Las plantas y los animales dependen unos de otros. También dependen de la tierra, del agua y del aire. Un ecosistema es como un rompecabezas. Todas las piezas son necesarias. Si falta hasta una pieza, el rompecabezas está incompleto.

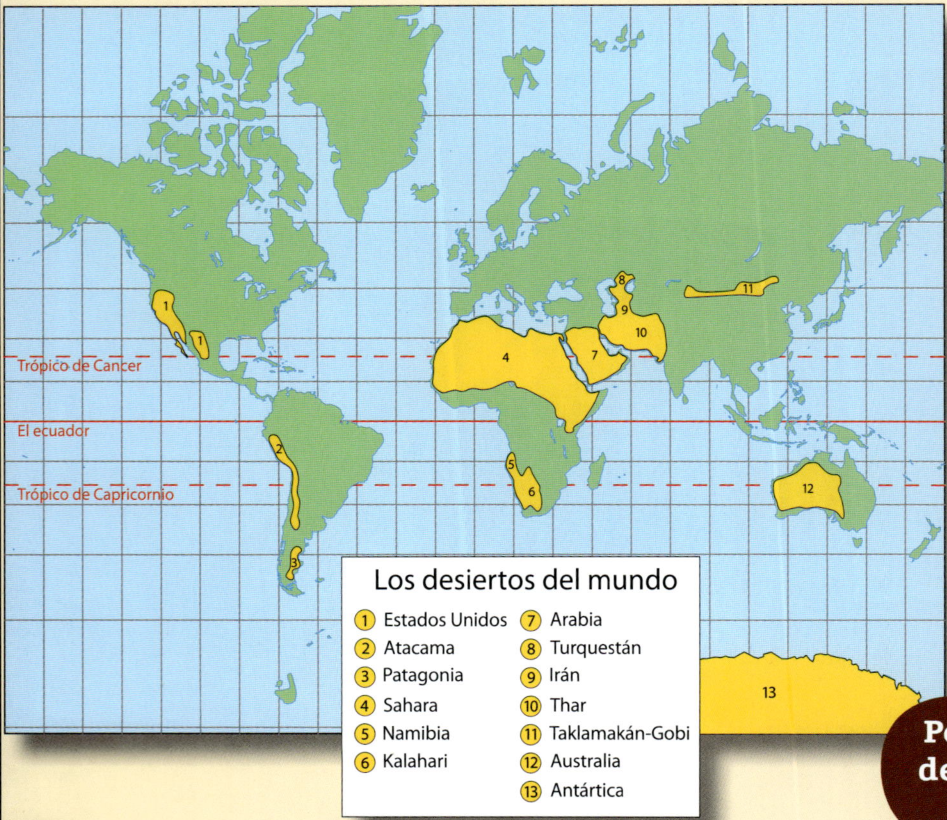

Los ecosistemas del desierto también se componen de piezas. Muchos tienen plantas y animales. Hay tierra, agua y aire. Todo se complementa. Los desiertos pueden estar llenos de vida.

Podemos encontrar desiertos en todo el mundo.

Biomas

Los desiertos son un **bioma** del planeta Tierra. Un bioma es una zona extensa que contiene una flora y un clima con características similares. Puede estar formado por muchos ecosistemas. Los biomas más importantes del mundo son: tundra, sabana, bosque, bioma marino, de agua dulce y, por supuesto, desierto.

laguna desértica

coyotes

Este cactus cirio sólo florece por la noche.

una catarina en un cactus orejas de conejo

El desierto del Sahara, en África, se encuentra en una latitud baja.

Las latitudes bajas aparecen en las zonas que están inmediatamente bajo la línea del Ecuador o sobre ella.

El desierto de la Antártica se encuentra en la latitud más alta y en el punto más austral del planeta.

Podemos encontrar desiertos en todas partes del mundo. Se suele creer que todos los desiertos son como el del Sahara. Estos desiertos se encuentran en las latitudes bajas y se denominan **desiertos cálidos**. Son calurosos, secos y, a veces, están formados de arena. Pero también podemos encontrar desiertos en latitudes altas. Éstos se llaman **desiertos fríos**. Generalmente están cubiertos de nieve y hielo. La Antártica es el desierto frío más grande del mundo y está cubierto casi por completo por una capa gruesa de hielo.

Existen otras clases de desiertos, como el semiárido y el costero. En los **desiertos semiáridos** llueve poco, pero pueden recibir mucha humedad debido al rocío que se forma durante las noches frías. Los **desiertos costeros** se encuentran en las costas oceánicas. El clima de estos desiertos varía entre templado y fresco. Allí, puede haber inviernos cortos y veranos largos.

Temperatura

La temperatura de un desierto puede variar mucho a lo largo de un día. Las noches pueden ser heladas (0°C–32°F o menos), y los días pueden ser extremadamente calurosos (49°C–120°F o más).

Lluvias

En los desiertos, las lluvias no suelen superar los 25 centímetros (10 pulgadas) por año.

Algunos se preguntan por qué son importantes los desiertos. Si tienen tan poca vida, ¿para qué sirven? Son importantes por algunas razones. Los desiertos son el hogar de ciertos animales y plantas, proporcionan buenas fuentes de energía y además son hermosos.

Algunos animales y plantas necesitan el **medio ambiente** que les brinda el desierto. De hecho, los desiertos son lugares fantásticos para ellos. Allí no deben competir con muchas otras **especies** para conseguir lo que necesitan. Su mayor dificultad es encontrar agua, pero pueden encontrarla si saben dónde buscar. Las plantas y los animales del desierto saben cómo sobrevivir con poca agua.

Los desiertos también pueden proporcionar buenas fuentes de energía. El viento se forma cuando el aire caliente se eleva y el viento frío y fuerte se desplaza a toda velocidad para tomar su lugar. Los molinos de viento pueden usar ese viento y transformarlo en electricidad. El viento es una fuente de energía que no daña al medio ambiente.

Además, los desiertos son hermosos. En ellos puede haber paisajes ondulantes y montañas de rocas. Pueden tener prados llenos de flores silvestres o cactus que se elevan bajo el cielo azul. Estos paisajes pueden ser los más bellos de la región. Algunas personas recorren largas distancias para admirar la belleza de un desierto.

Algunas personas creen que los desiertos son los lugares más bellos de la Tierra.

Los molinos de viento modernos como éstos utilizan el viento para generar electricidad. Hace tiempo, los molinos de viento eran la única fuente de energía de los rancheros y granjeros en los desiertos.

Una buena parte de la Tierra

Los desiertos cubren una gran parte del planeta. Si se los toma en conjunto, conforman alrededor de un tercio de la parte terrestre de su superficie.

Los animales del desierto

Podemos encontrar animales en la mayoría de los desiertos. Los **reptiles** y las aves son los más comunes, junto con los insectos y las arañas. También hay algunos **mamíferos**, pero para ellos la vida en el desierto es más difícil que para otros animales. La mayoría de los mamíferos no puede almacenar el agua necesaria para vivir allí. Tampoco hay mucha sombra para que los mamíferos más grandes estén frescos.

Una de las clases de animales comunes en el desierto es la de los reptiles. Muchos de ellos se adaptaron a la vida en ese entorno. La serpiente cascabel cornuda es un buen ejemplo. Pone su cuerpo en forma de S y para desplazarse se arrastra de lado. Sólo una pequeña parte de su cuerpo largo llega a tocar el suelo. De esta manera, evita que el vientre se le caliente demasiado a causa del suelo del desierto. Además, es más fácil desplazarse por la arena de esta manera.

Los chacahualas son lagartos robustos casi tan largos como una barra de pan. Tienen piel holgada alrededor del cuello. Les gusta tener una temperatura de aproximadamente 40°C (105°F) y, por eso, toman sol hasta alcanzarla. Para protegerse, los chacahualas trepan y se esconden en las grietas de las rocas. Una vez allí, inflan el cuerpo hasta quedar bien apretados en la grieta. Entre las rocas, nada los puede alcanzar.

El lagarto cornudo

Los lagartos cornudos se suelen encontrar en algunos desiertos. Miden entre 8 y 15 centímetros (entre 3 y 6 pulgadas) de largo. Estos animales deben su nombre a los cuernitos pequeños que tienen alrededor de la cabeza, la barbilla, los costados y la espalda. ¡La hembra del lagarto cornudo puede llegar a poner hasta 30 huevos a la vez!

lagarto cornudo

chacahuala

También podemos encontrar aves de todo tipo y tamaño en los desiertos. El avestruz vive en África. Es enorme: puede pesar hasta 115 kilogramos (250 libras) ¡y medir hasta 2,75 metros (9 pies) de altura! El avestruz macho vive con varias hembras. Todas ellas ponen sus huevos en el mismo nido, y todos se complementan para proteger a su familia.

Los correcaminos son aves que miden aproximadamente 60 centímetros (2 pies) de longitud. Pueden volar, pero les conviene más caminar o correr porque corren rapidísimo. ¡Corren tan rápido que pueden atrapar colibríes en el aire!

Las codornices son aves más pequeñas. Sin embargo, es fácil identificarlas porque tienen una cresta de plumas negras sobre la cabeza. Las crías de codorniz siguen a su mamá en fila. Sus crestas de plumas se balancean al mismo ritmo que la de ella.

Los colibríes son las más pequeñas de las aves. Son muy importantes para los desiertos porque ayudan a trasladar el **polen** de una flor a otra. Esto permite que crezcan más flores. Muchas flores del desierto dependen de ellos.

El buitre orejudo

Los buitres orejudos o torgos son aves que se encuentran generalmente en los desiertos de África y Arabia. Son muy grandes. ¡La envergadura de sus alas es de alrededor de 2,75 metros (9 pies)!

avestruz

correcaminos

colibrí

codorniz

Los insectos y las arañas del desierto son fascinantes. Los áfidos, más conocidos como pulgones, son insectos diminutos. Tienen dos tubos pequeños que les sobresalen del vientre, los que usan para succionar el líquido de las plantas. Esto hace que las hojas de la planta se marchiten. Además, los pulgones liberan un líquido lechoso a través del cuerpo, y las hormigas se alimentan de este líquido como si se tratara de la leche de una vaca.

La mariposa reina también es común en los desiertos. Suele tomar sol para calentarse y así poder volar. A la mariposa reina le gusta alimentarse de una planta llamada *algodoncillo*. Esta planta es peligrosa para muchos animales, pero no para la mariposa reina. Si un ave intenta comerse a la reina, el algodoncillo que la mariposa comió hará que su atacante se enferme. Por esa razón, las aves no se acercan a estas mariposas.

Las tarántulas son arañas grandes y peludas que pueden llegar a vivir ¡hasta 40 años! Se alimentan de insectos y no tienen que preocuparse por el agua; obtienen gran parte de ella del cuerpo de sus presas.

Los escorpiones se encuentran en todo el mundo. Tienen ocho patas, igual que las arañas, pero dos de ellas son en realidad garras que utilizan para atrapar a los insectos y comérselos. Sin embargo, los escorpiones sólo pueden ingerir líquido. Por eso, despedazan su alimento en trozos pequeños y se deshacen de todo lo que no sea líquido.

Pez cachorrito

Cuesta un poco imaginarse a un pez que vive en el desierto, ¡pero algunos viven allí! Estos pequeños peces llamados cachorritos viven en pantanos y estanques que se forman a partir de manantiales. El agua de estos manantiales es salada, igual que la del mar.

El sapo del desierto de Sonora

Aunque no haya mucha agua, algunos **anfibios** convierten al desierto en su hogar. El sapo del desierto de Sonora vive en madrigueras debajo de la tierra y pone sus huevos en cualquier fuente de agua que encuentre.

pulgón

mariposa reina

tarántula

escorpión

borrego cimarrón

hiena

rata canguro

A pesar de que la vida en el desierto puede ser difícil para los mamíferos, algunos de ellos viven allí. La mayoría de éstos son animales pequeños, pero algunos son grandes.

El borrego cimarrón es uno de los mamíferos más grandes del desierto. Estos animales son hábiles para buscar estanques de agua. La agilidad de sus pezuñas los ayuda a escalar las rocas y los acantilados del desierto. Hace un tiempo, el borrego cimarrón estuvo en **peligro de extinción**, pero el trabajo arduo del Movimiento Scout de los Estados Unidos logró aumentar su población.

Otro de los grandes mamíferos del desierto es la hiena. La hiena puede llegar a medir 1.5 metros (5 pies) de largo. Viven en manadas y, a veces, se alimentan de la presa que cazó otro animal, si bien, en ocasiones, también cazan su propio alimento.

También podemos encontrar ratas canguro en el desierto. Tienen patas traseras largas, iguales a las de los ratones, y cuando corren, saltan igual que los canguros.

El transporte del desierto

Los camellos se conocen como el transporte del desierto. Pueden vivir sin problemas en ese lugar. Los camellos pueden comer casi cualquier parte de un ser vivo, ya sea un animal o una planta, y almacenan el alimento en forma de grasa por largos períodos. Su cuerpo tiene la capacidad de poder vivir mucho tiempo sin agua. De esta manera, no necesitan competir con otros animales por los recursos.

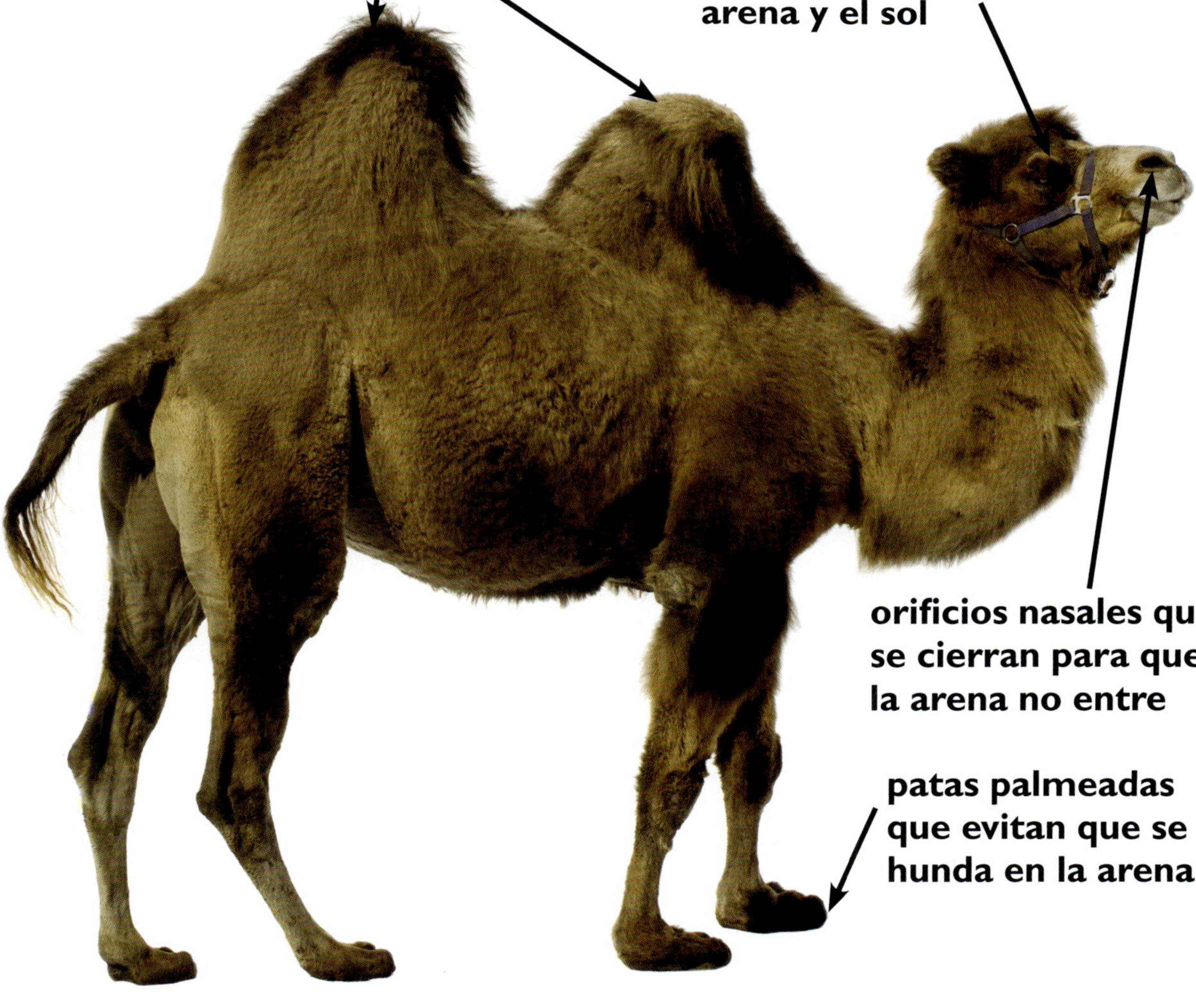

acebo del desierto

salicornia virgínica

flores silvestres

Las plantas del desierto

A pesar de que el agua allí es escasa, muchos desiertos tienen una vegetación variada. Las plantas adaptaron para poder sobrevivir en ese entorno. Algunas almacenan agua por mucho tiempo, otras tienen raíces muy profundas que encuentran agua subterránea, algunas no crecen mucho para no necesitar tanta agua, y otro grupo crece y brota por períodos breves, cuando tienen agua disponible.

El acebo del desierto es una planta resistente. Puede vivir con agua salada y tierra, elementos comunes en algunos desiertos. A la salicornia también le gusta el agua salada y la tierra, y la mayor parte del agua que utiliza es subterránea.

Las flores silvestres crecen en capas sobre el suelo del desierto. Las semillas aguardan hasta que llegue la lluvia y, cuando eso sucede, florecen rápidamente. Estas flores llenan de vida al desierto de forma repentina.

Problemas en el desierto

La vida en el desierto puede ser bastante tranquila, pero también puede ser dramática. A veces, un incendio arrasador puede hacer estragos en un desierto. Por otra parte, cuando las lluvias son fuertes y súbitas, el suelo endurecido no absorbe el agua con facilidad. Esto puede producir una inundación repentina en toda la zona.

El arbusto de creosota es común en algunos desiertos. Tiene hojas verdes pequeñas y flores diminutas. Los aborígenes americanos solían usarlo como planta curativa. Los científicos creen que algunos arbustos de creosota ¡pueden llegar a tener miles de años!

El cactus saguaro se ve con frecuencia en los desiertos. Al atardecer, su sombra a veces tiene la forma de una persona con los brazos elevados hacia el cielo. El cactus almacena agua para tener siempre lo que necesita. ¡Puede vivir hasta 200 años y alcanzar una altura de 15 metros (50 pies)!

El cactus de barril también almacena agua. Tiene forma de barril y está cubierto de crestas y espinas puntiagudas. En ocasiones, esta variedad también puede lucir un conjunto de brillantes flores en la punta.

Torbellinos de polvo

Si vas a un desierto, es muy probable que veas un torbellino de polvo. Para que se produzca uno de estos torbellinos, lo único que se necesita es un suelo seco y caliente, un cielo despejado y un sol radiante. La tierra y la arena del suelo del desierto se entrelazan en una columna de aire caliente, la que rota como un tornado. Los torbellinos de polvo pueden llegar a medir 15 metros (50 pies) de ancho y 30 metros (100 pies) de alto. ¡Ten cuidado!

arbusto de creosota

cactus saguaro

cactus de barril

Las espinas de cactus son duras y puntiagudas. Protegen bien al cactus, ya que los animales pueden pincharse con facilidad con ellas y sentir mucho dolor.

La acacia erioloba, comúnmente conocida como espina de camello, crece en grandes cantidades en el desierto de Kalahari, en África. Por lo general crece como árbol, pero a veces sólo llega a ser un arbusto. La madera de esta planta es muy resistente y densa. Los pobladores de la región solían usarla para cocinar. Sin embargo, ahora este árbol está en peligro de extinción.

La parte más conocida de la planta es la vaina, que tiene forma de luna creciente. Estas vainas están cubiertas por una capa gris suave y, dentro de ellas, hay muchas semillas pequeñas. Junto con las semillas, hay un polvo muy nutritivo para comer. Algunos animales usan estas semillas para sobrevivir cuando no encuentran otras plantas.

El suelo del desierto

El suelo del desierto suele ser rico en nutrientes. Sólo necesita agua para que las plantas broten y florezcan rápidamente.

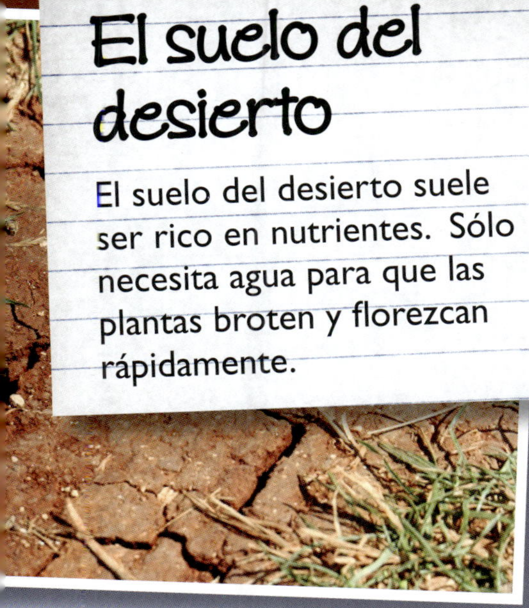

Vainas de espina de camello

Si bien la acacia erioloba también se conoce comúnmente como "espina de camello", no es de este animal que recibe su nombre. En realidad su nombre proviene del término latín para jirafa, que es *camelopardus*.

El desierto puede parecernos un lugar vacío, pero en realidad está lleno de vida.

La convivencia en el desierto

Todas las partes que componen un desierto dependen de otras. La luz solar lleva energía a la vegetación. Los animales se comen a las plantas y además, cuando mueren, nutren la tierra. Las plantas usan estos nutrientes para crecer. El agua, el aire y la tierra también brindan a los seres vivos lo que necesitan. Todas estas piezas juntas componen una red de energía.

Ninguna de las partes del desierto podría existir si no fuera por las demás. Los seres vivos del desierto saben cómo usar lo que el desierto les ofrece para sobrevivir. Y no es que sencillamente sobrevivan, sino que viven muy bien. El desierto es su hogar.

Laboratorio: ¿Cómo se forma un ecosistema?

Los ecosistemas están hechos de relaciones. En ellos conviven tierra, agua, aire y seres vivos. Los seres vivos dependen de todo lo que tienen alrededor para sobrevivir. Realiza esta actividad de laboratorio para aprender más sobre los ecosistemas.

Materiales

- papel y lápiz o bolígrafo
- hilo
- cinta
- libros de consulta o acceso a Internet

Procedimiento:

1. Copia el gráfico de la página siguiente en tu hoja de papel. Asegúrate de copiarlo en una hoja grande. Tiene que ser más grande de lo que ves aquí.
2. Escribe el nombre del ecosistema en la parte superior del gráfico.
3. Dentro de cada círculo, escribe el nombre de algún elemento que pertenezca a ese grupo y que viva en el ecosistema.
4. Traza líneas para conectar cada elemento con cada uno de los otros elementos que utiliza o necesita, o que lo necesitan o utilizan a él.

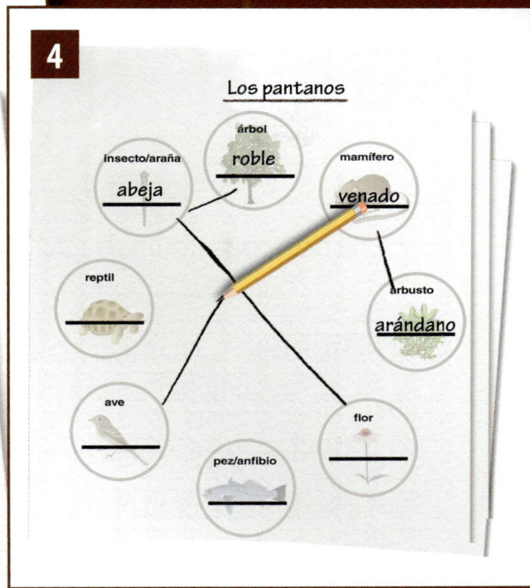

5. Ahora, entre todos, elijan uno de los gráficos que hicieron. Trabajarán todos juntos para hacer una representación física del gráfico. Para esto, escriban los términos clave del gráfico elegido en tiras de papel y distribúyanlas entre los estudiantes para que los representen. Luego, pueden usar el hilo y la cinta para conectar a los estudiantes. El hilo representa las líneas que conectaban las categorías en los gráficos.
6. Observa el gráfico de la clase: ¿Qué conclusiones puedes sacar acerca del ecosistema? Pregunta adicional: ¿Qué función desempeñan las personas en este ecosistema?

Glosario

anfibios—animales de sangre fría que pueden vivir tanto en el agua como en la tierra

bioma—comunidad compleja que se caracteriza por tener un clima, una vegetación y animales en común

desiertos cálidos—desiertos áridos de arena y de latitud baja

desiertos costeros—desiertos que recorren la costa oceánica y que generalmente tienen un invierno corto y un verano largo

desiertos fríos—desiertos de latitud alta que suelen estar cubiertos de hielo o nieve

desiertos semiáridos—desiertos que son en cierta medida más húmedos que otros debido al rocío y otras fuentes de humedad

desierto—región de tierra que se caracteriza por sus escasas lluvias

ecosistemas—regiones geográficas donde interactúan las plantas, los animales, la tierra, el aire y el agua

especies—grupos de seres vivos que tienen características genéticas en común y el mismo tipo de comportamiento

mamíferos—animales de sangre caliente que dan a luz crías vivas

medio ambiente—el aire, el agua, los minerales, los seres vivos, y todo lo que rodea a una región u organismo

peligro de extinción—situación en la cual una especie podría llegar a desaparecer por completo

polen—la parte fertilizante de una planta con flores

reptiles—vertebrados de sangre fría, como las tortugas o las serpientes

Índice

Científicos de ayer y de hoy

Rachel Carson
(1907–1964)

Cuando era niña, Rachel Carson pasó mucho tiempo en la naturaleza. También le gustaba leer y escribir cuentos. Cuando creció, comenzó a escribir sobre la naturaleza. Su libro más conocido se llama *Primavera silenciosa* y se trata de cómo la contaminación puede dañar a los seres vivos. Rachel Carson ayudó a que las personas vieran la importancia de cuidar nuestro planeta.

Mary L. Cleave
(1947–)

Mary Cleave es experta en muchas áreas de la ciencia. En la universidad, estudió biología, ecología e ingeniería. Al terminar sus estudios universitarios, dedicó mucho tiempo a estudiar los animales en su entorno natural e investigó especialmente el desierto y sus animales. Luego, en 1980, ¡se convirtió en astronauta de la NASA! Voló al espacio exterior en dos misiones a bordo de un transbordador espacial.

Créditos de las imágenes

Portada y p.1: sylvaine thomas/Shutterstock; p.4-5 (fondo): Bill Lawson/Shutterstock; p.4-5 (arriba): Litwin Photography/Shutterstock; p.4-5 (abajo): Bill Lawson/Shutterstoc/Shutterstock; p.5 (arriba): bierchen/Shutterstock; p.5 (abajo): Dolor Ipsum/Flickr; p.6: Cartesia_LKPalmer p.7 (arriba, izquierda): Lukasz Misiek/Shutterstock; p.7 (arriba, derecha): N. Frey Photography/Shutterstock; p.7 (abajo, izquierda): Aiti/Shutterstock; p.7 (abajo, derecha): urosr/Shutterstock; p8: LKPalmer; p.8-9(superior) Galyna Andrushko/Shutterstock; p.8-9 (abajo): Armin Rose/Shutterstock; p.10-11: Wolfgang Staudt/Flickr; p.11: Photoroller/Shutterstock; p.12-13: Rusty Dodson/Shutterstock; p.13: David Brimm/Shutterstock; p.13 (arriba): Rusty Dodson/Shutterstock; p.14: Johan Swanepoel/Shutterstock; p.14-15: kristian sekulicShutterstock; p.15 (arriba derecha) Nelson Sirlin/Shutterstock; p.15 (centro derecha): jhaskellus/Flickr; p.15 (abajo): JNStuart/Flickr; p.16: blickwinkel/Alamy; p.17 (arriba, derecha): xoque/Flickr; p.17 (centro izquierda): Joseph Calev/Shutterstock; p.17 (centro derecha): Sergey Chushkin/Shutterstock; p.17 (abajo, izquierda): Jens Peermann/Shutterstock; p.17 (abajo, derecha): EcoPrint/Shutterstock; p.18 (arriba): IPK Photography/Shutterstock; p.18(centro): 7382489561/Shutterstock; p.18 (abajo): Anthony Mercieca/Photo Researchers, Inc.; p.19: Eric Isselée/Shutterstock; p.20 (arriba, izquierda): Rodney Mehring/Shutterstock; p.20 (arriba, derecha): jkirkhart35/Flickr; p.20: (abajo): sbisson/Flickr; p.21: Shabinad/Dreamstime; p.22: Beverley Vycital/ iStockphoto; p.22–23 (arriba, izquierda): n8agrin/Flickr; p.23 (arriba, derecha): Anton Foltin/Shutterstock; p.23 (abajo, derecha): Daniel Gilbey/Shutterstock; p.23 (abajo, izquierda): Tan Kian Khoon/Shutterstock; p.24: Cartesia; p.24-25: Jonathan Heger/Shutterstock; p.25 (izquierda): Pkruger/Shutterstock; p.25 (derecha): Winfried Bruenken/Wikimedia; p.26-27: Sourav y Joyeeta Chowdhury/Shutterstock; p.28-29: Nicolle Rager Fuller; p.32 (izquierda): Dirección de pesca y vida silvestre de los Estados Unidos; p.32(derecha) NASA.